La rédaction (

MW01366787

Sentence Writing

Première à troisième année
Grades 1-3

Écrit par/Written by Ruth Solski
Traduit par/Translated by Sophie Campbell
Illustré par/Illustrated by S&S Learning Materials

ISBN 1-55035-828-6

Revised May 2006

Published in the United States by:
On the Mark Press
3909 Witmer Road PMB 175
Niagara Falls, New York
14305
www.onthemarkpress.com

Published in Canada by:
S&S Learning Materials
15 Dairy Avenue
Napanee, Ontario
K7R 1M4
www.sslearning.com

Bilingual Workbooks in French and English

Basic Skills in Language and Mathematics for:

- French Immersion
- ESL (English as a Second Language)
- FSL (French as a Second Language)
- ELL (English Language Learners)

Congratulations on your purchase of a worthwhile learning resource! Here is a ready-to-use bilingual series for busy educators and parents. Use these workbooks to teach, review and reinforce basic skills in language and mathematics. The series' easy-to-use format provides French content on the right-facing page, and the corresponding English content on the left-facing page. Comprised of curriculum-based material on reading, language and math, these workbooks are ideal for both first and second language learners.

Wherever possible, the activities in this series have been directly translated from one language to the other. This "direct translation" approach has been used with all activities featuring core skills that are the same in both French and English. For the basic skills that differ between French and English, an "adaptation" approach has been used. In the adapted activities, the French content may be very different from the English content on the corresponding page – yet both worksheets present concepts and skills that are central to each language. By using a combination of both direct translations and adaptations of the activities, this bilingual series provides worksheets that will help children develop a solid understanding of the basic concepts in math, reading and language in both French and English.

La rédaction de phrases/Sentence Writing

La rédaction de phrases/Sentence Writing is an effective resource for teaching proper sentence structure. The activities in this book help students recognize the structure of the four types of sentences: assertive (telling), interrogative (question), exclamatory, and imperative (command); the activities also provide writing practice for each of these types of sentences.

Also Available

French/English Practice in...

SSY1-16 **La numération/Numeration**
SSY1-17 **L'addition/Addition**
SSY1-18 **La soustraction/Subtraction**
SSY1-19 **Les sons/Phonics**
SSY1-20 **La compréhension de textes/Reading for Meaning**
SSY1-21 **Les majuscules et la ponctuation/Capitalization & Punctuation**
SSY1-23 **La rédaction de textes/Story Writing**

Des cahiers d'exercices bilingues anglais-français

Connaissances langagières et mathématiques de base en :

- Immersion française
- ALS (Anglais, langue seconde)
- FLS (Français, langue seconde)
- ALM (Anglais, langue maternelle)

Félicitations! Vous avez acquis une ressource utile! Les éducateurs et les parents occupés apprécieront les cahiers de cette série bilingue prête à utiliser. Employez-les pour l'enseignement, la révision ou le perfectionnement des connaissances langagières et mathématiques de base. Dans ces cahiers, on présente le contenu anglais sur la page de gauche et le contenu français correspondant sur la page de droite, ce qui en facilite l'utilisation. Composés de notions tirées des programmes d'études en lecture, en acquisition de la langue et en mathématiques, ces cahiers conviennent parfaitement aux élèves qui apprennent l'anglais, langue maternelle ou seconde ou le français, langue seconde.

Dans tous les cas où cela était possible, c'est-à-dire dans les cas où les connaissances fondamentales sont les mêmes, indépendamment de la langue, on a simplement traduit les exercices de la présente série de cahiers d'une langue à l'autre. En ce qui concerne les connaissances de base qui sont différentes en français et en anglais, on a plutôt « adapté » les exercices. Dans les exercices adaptés, il est possible que le contenu français soit très différent du contenu anglais de la page correspondante, mais les deux feuilles d'activités présentent des notions et des habiletés essentielles dans la langue pertinente. Grâce à la combinaison de simples traductions et d'adaptations des exercices, la présente série de cahiers constitue pour les enfants une aide à l'acquisition d'une solide compréhension des notions de base en mathématiques, en lecture et en connaissance de la langue tant en français qu'en anglais.

La rédaction de phrases/Sentence Writing

La rédaction de phrases/Sentence Writing constitue une aide efficace à l'enseignement d'une structure syntaxique correcte. Les activités du présent livre aident les élèves à reconnaître la structure de quatre types de phrases : la phrase affirmative (celle qui raconte), la phrase interrogative (la question), la phrase exclamative et la phrase impérative (un ordre); le livre comprend aussi des exercices pour chacun de ces types de phrases.

Sont ausi offerts :

les exercices français-anglais...

SSY1-16 **La numération/Numeration**
SSY1-17 **L'addition/Addition**
SSY1-18 **La soustraction/Subtraction**
SSY1-19 **Les sons/Phonics**
SSY1-20 **La compréhension de textes/Reading for Meaning**
SSY1-21 **Les majuscules et la ponctuation/Capitalization & Punctuation**
SSY1-23 **La rédaction de textes/Story Writing**

What is a sentence?

1. A **sentence** is a group of words that expresses an idea or a thought. It begins with a capital letter and ends with a period (.).

Examples:

September is the first month of autumn.
The leaves turn color in the fall.

2. Some groups of words look like sentences but they are not. They are called **"pretenders"**.

Examples:

Growing in the garden
In the autumn months

Something is missing. The **thought** has not been finished.

Underline the groups of words that are sentences.

1. The trees in the orchard are full of apples.
2. A chubby, yellow pumpkin
3. The frisky squirrel scampered up the tree with a nut in his mouth.
4. The rabbit ran into its hole in the ground.
5. At the fair last month
6. Sailed across the sky
7. The pink petunia felt all alone in the pumpkin patch.
8. A great big turtle
9. The little bird flew out of the nest and sat on the edge of a branch.
10. Near the edge of a great forest
11. One day last summer
12. To a stop
13. The moon is shining brightly on the snow tonight.
14. All the little fluffy ducklings
15. The cattle were grazing quietly in the pasture.

Skill: Understanding and Recognizing Sentences.

Qu'est-ce qu'une phrase?

1. Une **phrase** est un groupe de mots qui exprime une idée ou une pensée. Elle commence par une majuscule et se termine par un point (.).

   Exemples : Septembre est le premier mois de l'automne.
   Les feuilles changent de couleur à l'automne.

2. Certains groupes de mots ressemblent à des phrases, mais n'en sont pas. Appelons-les « **simulateurs** ».

   Exemples : *Poussant au jardin*
   Durant les mois d'automne

   Il manque quelque chose. La **pensée** n'est pas complète.

Souligne les groupes de mots qui sont des phrases.

1. Les pommiers du verger sont pleins de fruits.
2. Une citrouille orangée et charnue
3. Le vif écureuil a grimpé à l'arbre avec une noisette à la bouche.
4. Le lapin s'est sauvé dans son terrier.
5. À la foire le mois passé
6. A glissé dans le ciel
7. Un pétunia pourpre était perdu dans le carré de carottes.
8. Une très grosse tortue
9. Un oisillon s'est envolé hors du nid et s'est posé au bout d'une branche.
10. Au bord d'une immense forêt
11. Un jour l'été dernier
12. Jusqu'à s'arrêter
13. La lune fait scintiller la neige ce soir.
14. Tous les petits canards duveteux
15. Le bétail broutait tranquillement au pré.

Habileté : reconnaître et comprendre les phrases

Writing Sentences

A sentence that tells something can be called a **telling** sentence.

It begins with a **capital letter** and ends with a **period**.

Example: The first little pig built a house of straw.

Neatly **copy** each sentence below on the lines provided. Remember to begin each sentence with a **capital letter** and put a **period** at the end of each one.

1. the ugly green caterpillar turned slowly into a very beautiful butterfly

____

____

2. the black squirrel scampered up the colorful maple tree

____

____

3. a large red leaf fell softly into the muddy water puddle

____

____

4. mother makes chocolate pudding that is smooth and sweet

____

____

5. it was so dark and gloomy on the street that I did not see the black cat

____

____

6. the dark sky told us that a storm was coming soon

____

____

7. i found a treasure chest filled with shiny gold coins and sparkling jewels

____

____

Skill: Capitalizing and Punctuating Sentences.

Écrire des phrases

On appelle la phrase qui affirme quelque chose une phrase **affirmative**.

Elle commence par une **majuscule** et se termine par un **point**.

Exemple : Le premier petit cochon s'est construit une maison de paille.

Copie soigneusement chaque phrase ci-dessous sur les lignes prévues à cet effet. N'oublie pas de commencer les phrases par une **majuscule** et de les terminer par un **point**.

1. la repoussante chenille verte s'est lentement transformée en un magnifique papillon

   ____

   ____

2. l'écureuil noir a grimpé à l'érable rougeoyant

   ____

   ____

3. une grande feuille rouge est doucement tombée dans la flaque d'eau boueuse

   ____

   ____

4. maman fait une crème au chocolat douce et sucrée

   ____

   ____

5. la rue était si sombre que je n'ai pas vu le chat noir

   ____

   ____

6. le ciel noir nous disait qu'un orage se préparait

   ____

   ____

7. j'ai trouvé un coffre au trésor rempli de pièces d'or brillantes et de bijoux étincelants

   ____

   ____

Habileté : bien employer la majuscule et la ponctuation dans la phrase

Something to Finish

Here are the beginnings of some sentences about bicycle safety.

Add words to finish them.

Make the sentences interesting.

1. Every year my father checks ______________________
2. I must stop my bicycle at ______________________
3. When I make turns I must ______________________
4. A bicycle is to be ridden ______________________
5. It is dangerous to ______________________
6. Every bicycle should have ______________________
7. A bicycle should be ______________________
8. Every bicycle rider must wear ______________________
9. Do not ride your bicycle ______________________
10. While riding a bicycle, things should be ______________________
11. Wear light colors at night when ______________________
12. Bicycles should be ridden on ______________________

Skill: Completing Sentences with a Proper Ending.

À terminer

Voici des débuts de phrase au sujet de la sécurité à bicyclette.

Ajoute des mots pour terminer les phrases.

Rends les phrases intéressantes.

1. Chaque année, mon père vérifie ______________________________
____
2. Je dois immobiliser ma bicyclette aux ______________________________
____
3. Quand je tourne, je dois ______________________________
____
4. Quand on se déplace à bicyclette, il faut ______________________________
____
5. Il est dangereux de ______________________________
____
6. Chaque bicyclette doit avoir ______________________________
____
7. Une bicyclette doit être ______________________________
____
8. Tous les cyclistes doivent porter ______________________________
____
9. Quand tu es à bicyclette, ne ______________________________
____
10. Quand on va à bicyclette, les choses devraient être ______________________________
____
11. Porte des couleurs claires le soir quand ______________________________
____
12. À bicyclette, on doit se déplacer dans ______________________________
____

Habileté : compléter des phrases par une bonne fin

Writing Sentences

Complete the sentences about Freddy Frog.

1. Freddy Frog lives ______________________________
2. He is a big ______________________________
3. Freddy loves to sit ______________________________
4. He uses his tongue ______________________________
5. Freddy uses his legs for ______________________________
6. In the winter Freddie sleeps ______________________________

Complete the sentences about Mr. Snowman.

1. The children made a ______________________________
____
2. They rolled three ______________________________
____
3. Coal was used to ______________________________
4. A straw hat was ______________________________
5. Susan put sunglasses ______________________________
6. He was dressed in ______________________________

Complete the sentences about Wilma Witch.

1. In an old rickety house lived ______________________________
2. With her lived ______________________________
3. Wilma loved to make a special brew ______________________________
4. In her brew she would put ______________________________
5. Wilma stirred her brew while ______________________________
6. Her brew would ______________________________

Skill: Completeing Sentences About a Picture

Écrire des phrases

Complète les phrases au sujet de Greta Lagrenouille.

1. Greta Lagrenouille vit ____________________
2. C'est une grosse ____________________
3. Greta adore s'asseoir ____________________
4. Elle utilise sa langue ____________________
5. Greta utilise ses pattes pour ____________________
6. L'hiver, Greta dort ____________________

Complète les phrases au sujet de Bonhomme Deneige.

1. Les enfants ont fait un ____________________

   ____
2. Ils ont roulé trois ____________________

   ____
3. Du charbon a servi à ____________________
4. Ils ont mis un chapeau de paille ____________________
5. Sarah a mis des lunettes de soleil ____________________
6. Il était habillé en ____________________

Complète les phrases au sujet de Salomé Lasorcière.

1. Dans une vieille cabane branlante vivait ____________________
2. Avec elle vivait ____________________
3. Salomé adorait préparer une potion spéciale ____________________
4. Dans cette potion, elle mettait ____________________
5. Salomé remuait sa potion pendant que ____________________
6. Sa potion avait pour effet ____________________

Habileté : compléter des phrases en fonction d'une image

Writing Sentences

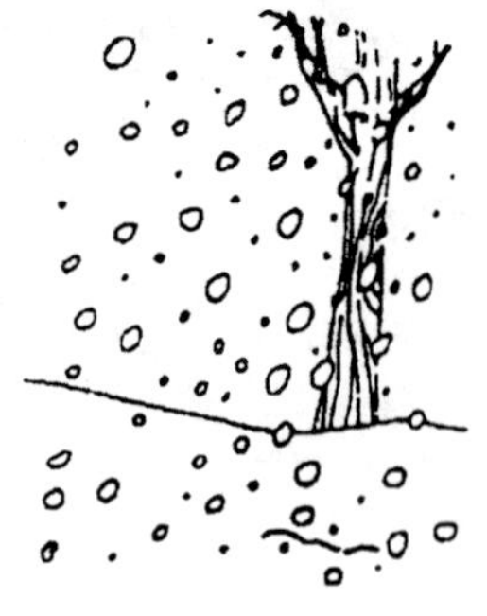

Add a beginning to each ending to make sentences about snow.

1. ______________________________ began to fall from the sky.
2. ______________________________ snowfall of the year.
3. ______________________________ all over the ground.
4. ______________________________ were all covered with snow.
5. ______________________________ and made snow angels.

Add a beginning to each ending to make sentences about the children tobogganing.

1. ______________________________ day in January.
2. ______________________________ to Thunder Hill tobogganing.
3. ______________________________ the toboggan and held onto each other tightly.
4. ______________________________ down Thunder Hill.
5. ______________________________ and fell off the toboggan into the deep fluffy snow.

Complete each sentence about autumn with a good beginning.

1. ______________________________ turn orange, red and yellow in the autumn.
2. ______________________________ their leaves in the autumn.
3. ______________________________ football in the autumn.
4. ______________________________ storing nuts in their holes on sunny days.
5. ______________________________ fly south for the winter.

Skill: Completing Sentences with a Proper Beginning.

Écrire des phrases

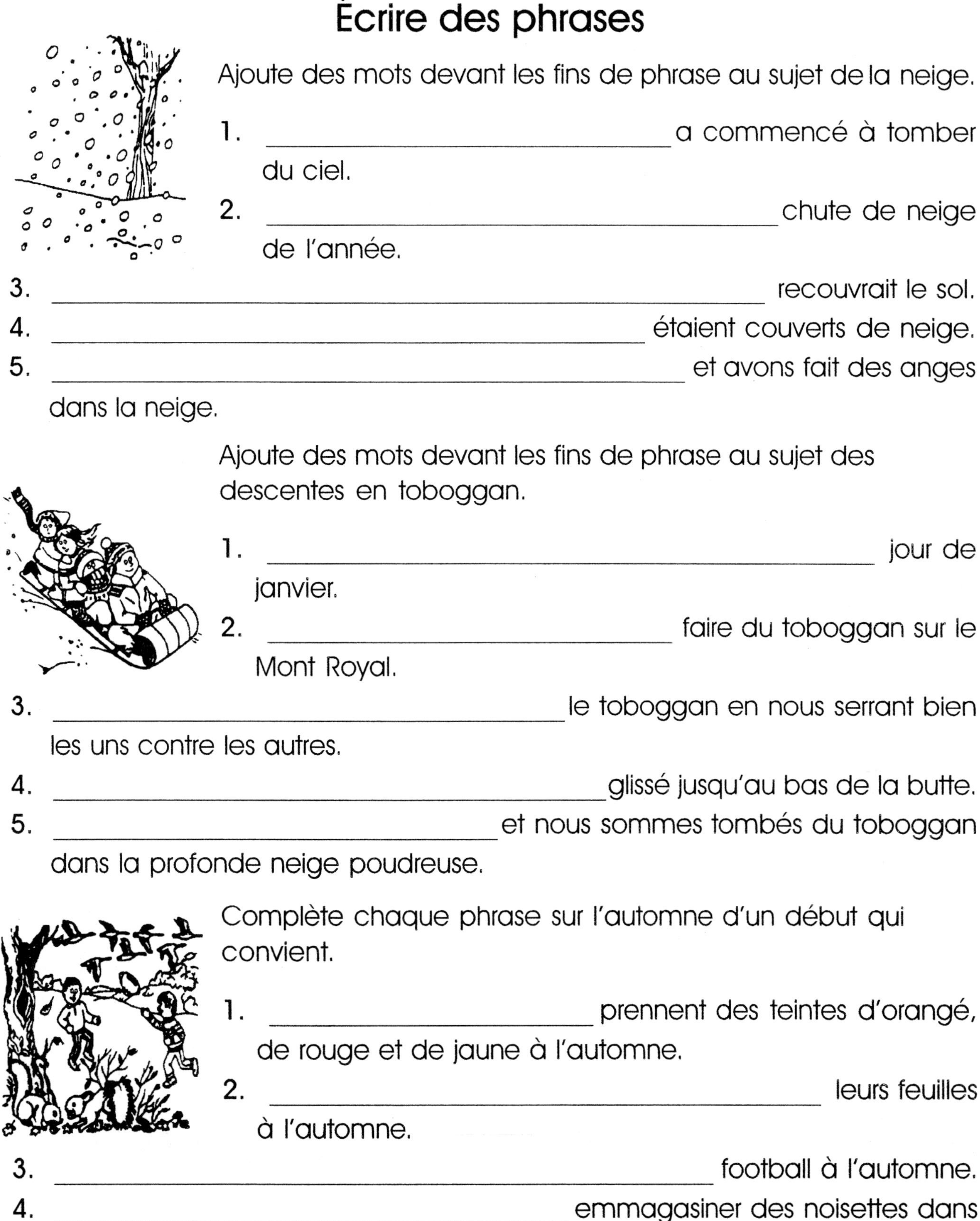

Ajoute des mots devant les fins de phrase au sujet de la neige.

1. ______________________ a commencé à tomber du ciel.
2. ______________________ chute de neige de l'année.
3. ______________________ recouvrait le sol.
4. ______________________ étaient couverts de neige.
5. ______________________ et avons fait des anges dans la neige.

Ajoute des mots devant les fins de phrase au sujet des descentes en toboggan.

1. ______________________ jour de janvier.
2. ______________________ faire du toboggan sur le Mont Royal.
3. ______________________ le toboggan en nous serrant bien les uns contre les autres.
4. ______________________ glissé jusqu'au bas de la butte.
5. ______________________ et nous sommes tombés du toboggan dans la profonde neige poudreuse.

Complète chaque phrase sur l'automne d'un début qui convient.

1. ______________________ prennent des teintes d'orangé, de rouge et de jaune à l'automne.
2. ______________________ leurs feuilles à l'automne.
3. ______________________ football à l'automne.
4. ______________________ emmagasiner des noisettes dans des trous par les jours ensoleillés.
5. ______________________ s'envolent vers le sud pour l'hiver.

Habileté : compléter des phrases par un bon début

Something to Begin

Here are some ending words. Write a good beginning for each sentence.

1. ______________________________ ran up the maple tree.
2. ______________________________ sat in the farmer's field waiting for Halloween.
3. ______________________________ ran and quickly jumped into its hole.
4. ______________________________ flying south for the winter.
5. ______________________________ wore masks and costumes at the Halloween party.
6. ______________________________ were certainly very juicy.
7. ______________________________ were white with snow.
8. ______________________________ when he saw the huge bear come lumbering out of the forest.
9. ______________________________ my dog a new trick.
10. ______________________________ on our Christmas tree.
11. ______________________________ to go swimming in our neighbor's pool.
12. ______________________________ my teeth after every time I eat a meal.
13. ______________________________ with the dishes every night.
14. ______________________________ in the forest today.

Skill: Completing Sentences with a Proper Beginning.

À commencer

Voici quelques fins de phrases.

Écris un bon début pour chacune d'elles.

1. ______________________________ a grimpé à l'érable.
2. ______________________________ attendait l'Halloween dans le champ du cultivateur.
3. ______________________________ s'est rapidement sauvé dans son terrier.
4. ______________________________ s'envolent vers le sud pour l'hiver.
5. ______________________________ portaient des masques et des costumes à la fête d'Halloween.
6. ______________________________ étaient assurément très juteuses.
7. ______________________________ étaient enneigés.
8. ______________________________ quand il a vu un énorme ours sortir de la forêt d'un pas pesant.
9. ______________________________ à mon chien un nouveau tour.
10. ______________________________ à notre arbre de Noël.
11. ______________________________ aller nous baigner dans la piscine de notre voisin.
12. ______________________________ les dents après chaque repas.
13. ______________________________ à faire la vaisselle chaque soir.
14. ______________________________ en forêt aujourd'hui.

Habileté : compléter des phrases par un bon début

Which word do I use?

A) Always use **is** when talking about one person or thing.

Always use **are** when talking about more than one person or thing.

Always use **are** with the word **you**.

Print the word **is** or the word **are** in each sentence.

1. The birds __________ flying south for the winter.
2. My job __________ to water the plants every day for my mother.
3. The girls __________ going outside to play a skipping game.
4. __________ you coming to my birthday party on Saturday?
5. The little bunny __________ hiding under the bush because he __________ afraid of the big owl.
6. Who __________ hiding under the empty basket?

B) Always use **was** when talking about one person or thing.

Always use **were** when talking about more than one person or thing.

Always use **were** with the word **you**.

Print the word **was** or the word **were** in each sentence.

1. __________ you watching the geese yesterday?
2. There __________ hundreds of them on the river.
3. They __________ getting ready to fly south for the winter.
4. One goose __________ the leader.
5. It __________ the first to fly.
6. The other geese __________ ready to follow him.

Skill: Using the words is, are, was and were correctly in sentences.

Quel mot dois-je utiliser?

A) Utilise toujours **est** quand tu parles d'une seule personne ou chose.
Utilise toujours **sont** quand tu parles de plus d'une personne ou chose.
Utilise toujours **es** avec le mot **tu**.

Inscris le mot **est**, le mot **sont** ou le mot **es** dans chacune des phrases.

1. Les oiseaux __________ dans le sud pour l'hiver.
2. Ma tâche __________ d'arroser les plantes pour ma mère chaque jour.
3. Les filles __________ dehors et sautent à la corde.
4. __________-tu allé à l'anniversaire de Julien samedi?
5. Le petit lapin __________ caché dans les buissons parce qu'il __________ effrayé par la grosse chouette.
6. Qui __________ caché sous le panier retourné?

B) Utilise toujours **était** quand tu parles d'une seule personne ou chose.
Utilise toujours **étaient** quand tu parles de plus d'une personne ou chose.
Utilise toujours **étais** avec le mot **tu**.

Inscris le mot **était**, le mot **étaient** ou le mot **étais** dans chacune des phrases.

1. __________-tu en train de regarder les bernaches tout à l'heure?
2. Elles __________ des centaines sur la rivière.
3. Elles __________ en train de se préparer à partir vers le sud pour l'hiver.
4. Une bernache __________ la meneuse.
5. Elle __________ en tête au moment de l'envol.
6. Les autres bernaches __________ prêtes à la suivre.

Habileté : utiliser les mots *est*, *sont*, *es*, *était*, *étaient* et *étais* correctement dans des phrases

Which word do I use?

A)

> **Saw** does not need a helping word.
>
> **Seen** does need a helping word such as **have, had** and **has**.

Print the word **saw** or the word **seen** in each sentence.

1. I __________ a funny clown at the circus yesterday.
2. He was not the same one that I have __________ on television.
3. If you had _________ him, you would have laughed at him.
4. My grandfather said he has not __________ a funnier clown.
5. The people __________ him riding around in a funny little car.
6. My father has never __________ a circus clown before.

B)

> **Came** does not need a helping word.
>
> **Come** does need a helping word sometimes such as **have, had** and **has**.

Print the word **come** or the word **came** in each sentence.

1. Mrs. Rabbit and her bunnies have __________ a long way to their new home in the forest.
2. They __________ from the city park in Kansas City.
3. The family have __________ to find a safe place to live.
4. All the animals in the forest __________ out to welcome them.
5. "Why have you __________ to our forest?" asked Old Mr. Owl.
6. "We have __________ to get away from people who hurt us," said Mrs. Rabbit.

Skill: Using the words saw, seen, come and came correctly.

Quel mot dois-je utiliser?

A)

Le mot **es** s'utilise à la deuxième personne du singulier, au temps présent. Le mot **est** s'utilise à la troisième personne du singulier, au temps présent.

Inscris le mot **es** ou le mot **est** dans chacune des phrases.

1. ______-tu heureux d'avoir été au cirque hier?
2. Il ______ en ville toute la semaine.
3. Tu ______ bien chanceux d'y retourner une deuxième fois!
4. Le clown au gros nez rouge ______ vraiment le plus drôle de tous.
5. Il te fera peut-être venir sur la piste si tu ______ assis dans la première rangée.
6. Ma sœur ______ triste, car elle ______ malade et n'a pas pu assister à la représentation.

B)

Le mot **son** est un déterminant; il indique que la chose décrite appartient à la personne dont on parle. Le mot **sont** est la troisième personne du singulier, au présent, du verbe *être*; on s'en sert pour décrire un sujet pluriel.

Inscris le mot **son** ou le mot **sont** dans chacune des phrases.

1. Madame Lapine et ________ clan ont fait un long voyage pour arriver à la forêt.
2. Ils ________ exténués.
3. Une autre lapine, Genévrière, offre à Madame Lapine de partager ________ terrier avec elle et ses petits.
4. Les lapereaux sautent de joie : ils ________ soulagés, car ils dormiront en sécurité.
5. Boni, un des petits de Genévrière, offre aussi de partager ________ repas.
6. Tous ________ enchantés de se connaître!

Habileté : utiliser les homophones *es*/*est* et *son*/*sont* dans des phrases

Which word do I use?

A)

> **Did** does not need a helping word.
>
> **Done** does need a helping word such as **have, had** and **has.**

Print the word **did** or the word **done** in each sentence.

1. When Father Mouse saw the owl, he __________ not wait.
2. The baby mice __________ exactly what Father Mouse __________.
3. The mice __________ not stop until they were safely hidden under the bushes.
4. "You have __________ well," said Father Mouse to the baby mice.
5. Father Mouse has __________ this many times to escape the sharp claws of the owl.
6. The baby mice decided they had __________ enough playing for one day and went to bed.

B)

> **Went** does not need a helping word.
>
> **Gone** does need a helping word such as **have, had** and **has.**

Print the word **went** or the word **gone** in each sentence.

1. Danny Dragon's mother had __________ to the store.
2. She has been __________ for a long time.
3. Danny __________ everywhere in the neighborhood looking for her.
4. "Where has my mother __________?" wailed Danny.
5. Danny __________ up and down every street calling for his mother.
6. "Don't cry Danny," said Mrs. Dragon. "I am sorry that I have been __________ so long."

Skill: Using the words did, done, went and gone correctly.

Quel mot dois-je utiliser?

A)

Le mot **a** est la troisième personne du singulier, au présent, du verbe *avoir*; on s'en sert pour parler de ce qu'une personne possède. Le mot **à** est une préposition; il introduit le lieu ou une activité liée à ce lieu.

Inscris le mot **a** ou le mot **à** dans chacune des phrases.

1. Quand Papa Souris voit une chouette, il ___ peur.
2. Il entraîne ses petits souriceaux ___ l'abri.
3. Papa Souris ___ beaucoup de ressources et sait quoi faire en cas de danger.
4. La chouette ne les voyant plus, elle repart ___ la recherche d'un repas.
5. Elle ___ très faim.
6. Les souriceaux sont fiers de leur papa, qui ___ beaucoup de courage.

B)

Le mot **mes** est un déterminant; il indique que les choses décrites appartiennent ou sont liées à moi. Le mot **mais** est une conjonction de coordination; il indique que le fait suivant s'oppose au fait précédent.

Inscris le mot **mes** ou le mot **mais** dans chacune des phrases.

1. La maman de David Ledragon ne trouvant plus ses lunettes, elle lui demande : « As-tu vu ________ lunettes, David? »
2. « Non, maman, lui répond David, ________ je vais t'aider à les chercher. »
3. Ils cherchent dans leur nid, autour de leur nid, ________ ils ne trouvent pas les lunettes de Mme Ledragon.
4. « Si tu veux, je te prête ________ jumelles », dit David à sa mère.
5. Mme Ledragon éclate de rire et lui dit : « ________ non, mon petit, cela ne me sera pas utile. »
6. Elle viens de mettre la main sur sa tête : « ________ lunettes sont juste ici, et nous ne les avions pas vues! »

Habileté : utiliser les homophones *a/à* et *mes/mais* dans des phrases

Which word do I use?

A) **Ran** does not need a helping word.

Run needs a helping word sometimes such as **have, had** and **has.**

Print the word **ran** or the word **run** in each sentence.

1. On our Play Day I __________ in two races and came first in both.
2. I have __________ in the different types of races at many picnics.
3. Many times I have __________ all the way home from school.
4. The children quickly __________ away from the smelly spray of the skunk.
5. The dog had __________ around the house twice looking for the cat.
6. The black horse has __________ the fastest in every race.

B) **Ate** does not need a helping word.

Eaten needs a helping word such as **have, had** and **has.**

Print the word **ate** or the word **eaten** in each sentence.

1. I have __________ many different flavors of ice cream.
2. Yesterday I __________ two ham and cheese sandwiches for my lunch.
3. I had never __________ spinach before.
4. What kinds of desserts have you __________?
5. Our cat has __________ every goldfish that we have bought for a pet.
6. At the party we __________ hotdogs and hamburgers.

Skill: Using the words ran, run, ate and eaten correctly.

Quel mot dois-je utiliser?

A) Le mot **seau** est un nom qui désigne un récipient cylindrique à anse.
Le mot **saut** est un nom qui désigne l'action de sauter.
Le mot **sot** est un nom ou un adjectif qui désigne une personne peu ou pas intelligente.

Inscris le mot **seau**, le mot **saut** ou le mot **sot** dans chacune des phrases.

1. Le jour des olympiades de fin des classes, nous avons fait une course avec un ________ d'eau à la main.
2. Nous avons aussi fait des concours de ________ en hauteur et de ________ en longueur.
3. Les règlements étaient très simples; il eût fallu être bien ________ pour ne pas les comprendre.
4. C'est mon amie Lise qui a gagné la compétition de ________ en hauteur.
5. Moi, j'ai réussi à me rendre à la ligne d'arriver sans renverser une seule goutte de mon ________.
6. Rémi, lui, en a renversé beaucoup, et son frère, qui n'est pas très gentil, l'a traité de ________.

B) Le mot **peau** est un nom qui désigne l'enveloppe extérieure du corps de l'être humain.
Le mot **pot** est un nom qui désigne un récipient.

Inscris le mot **peau** ou le mot **pot(s)** dans chacune des phrases.

1. Il y a plus d'un ________ de glace dans mon congélateur.
2. En me préparant un cornet à plusieurs parfums, je me suis échappé une boule de glace sur la ________.
3. Je ne pouvais pas remettre la boule de glace dans le ________.
4. Je me suis donc rincé la ________.
5. Ensuite, j'ai rangé les ________.
6. La glace était si froide que j'en ai eu la chair de poule : les poils se sont dressés sur ma ________.

Habileté : utiliser les homophones *seau/saut/sot* et *peau/pot* dans des phrases

Which word do I use?

A)

May means to have or give permission.

Can means to be able to do something.

Print the word **may** or **can** in each sentence.

1. "Mother __________ I have a cookie, please?" asked Josh.
2. Jack, __________ you lift that heavy box of books for me?
3. " __________ I borrow your crayons, Peter?" asked Carol.
4. The boy __________ play the piano very well.
5. If you try hard, you __________ figure it out for yourself.
6. You __________ go outside to play with your friends now.
7. The children in my class __________ spell very well.
8. __________ I go to the library to return this book?

B)

Gave does not need a helping word.

Given needs a helping word such as **have, had,** and **has.**

Print the word **gave** or **given** in each sentence.

1. Our neighbor has __________ us many useful things.
2. Who __________ the banana to the monkey?
3. We have __________ roses to our mother for her birthday.
4. Peter had __________ the goat some apples last week.
5. Our teacher __________ us a treat for Halloween.
6. Mother has __________ away all of our old clothes.
7. Everyone in the class __________ food to be sent to people living in poor countries.
8. I have __________ an invitation to all of my friends inviting them to my birthday party.

Skill: Using the words may, can, give, given correctly.

Quel mot dois-je utiliser?

A) Le mot **ces** détermine les choses sur lesquelles on attire l'attention.
Le mot **ses** détermine les choses qui appartiennent ou sont liées à lui, elle, cela ou soi.
L'expression **c'est** est le pronom démonstratif ce abrégé devant le verbe *être*.

Inscris le mot **ces**, le mot **ses** ou le mot **c'est** dans chacune des phrases.

1. « Maman, puis-je avoir de __________ biscuits, s'il te plaît? », demanda Jacques en pointant la jarre à biscuits.
2. « __________ l'heure de dîner, Jacques, tu pourras en manger pour le dessert seulement. »
3. Jacques haussa les épaules, mit les mains dans __________ poches et alla s'asseoir à table la tête basse.
4. « Mange plutôt de __________ bons légumes, mon chéri, ils sont très bons pour ta santé », fit sa mère en tendant une assiette à Jacques.
5. Jacques goûta et fit une moue de dégoût : « __________ trop amer! »
6. La maman de Jacques lui suggéra d'ajouter un peu de beurre à __________ légumes afin d'en changer le goût.

B) Le mot **ou** est une conjonction de coordination qui sert à séparer deux éléments entre lesquels il faut choisir.
Le mot **où** est un adverbe ou un pronom adverbial lié à l'endroit.

Inscris le mot **ou** ou le mot **où** dans chacune des phrases.

1. « L'été prochain, nous partirons en vacances en juillet ____ en août », ai-je raconté à mon voisin.
2. « ____ irez-vous? », m'a-t-il demandé.
3. Je lui ai répondu : « Nous partirons en Caroline du Sud ____ au New Jersey. »
4. « Là ____ nos parents décideront d'aller », a ajouté ma sœur.
5. « ____ que vous serez, j'espère que vous aurez du beau temps », a dit notre gentil voisin.
6. J'ai conclu : « Qu'il fasse beau ____ qu'il pleuve, nous aurons certainement du plaisir! »

Habileté : utiliser les homophones *ces/ses/c'est* et *ou/où* dans des phrases

Which word will I Use?

A) Use **this** or **that** when pointing out one person or thing.

Use **these** and **those** when you are speaking of more than one thing.

Never use **them** to point out things.

Underline the correct word in the brackets.

1. (**This, These, Them**) trees are so big and beautiful.
2. (**This, These, Those**) apple is smaller than the rest of the apples in the bowl.
3. I'll race you to (**those, them, these**) boys standing by the wall.
4. Suddenly Susan asked, "What is (**those, them, that**) terrible noise?"
5. I do believe (**this, those, them**) are my new red mittens.
6. (**This, Them, These**) is the correct road to take in order to get home.
7. (**This, Those, These**) boys sitting on the park bench are the ones who stole my bicycle.
8. (**This, That**) red pencil is mine and (**this, that**) blue pencil is yours.

B) **An** is used before a word that begins with a vowel sound.
Example: an apple

A is used before a word that begins with a consonoant.
Example: a ball

Print the words **a** and **an** on the correct lines in each sentence.

1. Did you bring ________ umbrella and ________ raincoat?
2. Mother made ________ cake and ________ apple pie.
3. The squirrel made ________ nest in ________ oak tree.
4. ________ elephant is ________ interesting animal.
5. For lunch Mary ate ________ egg sandwich, ________ muffin, ________ tart and ________ apple.
6. Tim ate ________ olive and ham sandwich, ________ cookie, ________ cupcake and ________ orange.

Skill: Using words this, that, these, those, a and an correctly.

Quel mot dois-je utiliser?

A) Le mot **on** est un pronom personnel qui désigne les gens en général et est suivi d'un verbe à la troisième personne du singulier.
Le mot **ont** est la troisième personne du pluriel du verbe *avoir* au présent. Il sert aussi d'auxiliaire au passé composé.

Inscris le mot **on** ou le mot **ont** dans chacune des phrases.

1. ______ dirait bien qu'il va pleuvoir aujourd'hui.
2. Les nuages ______ envahi le ciel.
3. Des éclairs l'______ traversé.
4. Des coups de tonnerre ______ retenti.
5. ______ annonçait d'ailleurs des orages pour cet après-midi.
6. ______ aura eu tous les temps cette semaine!

B) Le mot **sa** détermine un nom féminin qui appartient ou est lié à lui, elle, cela ou soi.
Le mot **ça** est la forme familière du pronom démonstratif *cela*, qui désigne ce que l'on montre ou ce qui a déjà été énoncé.

Inscris le mot **sa** ou le mot **ça** dans chacune des phrases.

1. Il fait très soleil, j'espère que Vincent aura mis ____ casquette.
2. Jouer avec lui me plaît beaucoup, et ____ fait longtemps que ce n'est pas arrivé.
3. ____ mère ne veut pas qu'il sorte les soirs de semaine.
4. Elle préfère qu'il étudie et dit que ____ lui permettra de réussir son année scolaire.
5. C'est dommage, car ____ m'empêche de le voir.
6. J'espère qu'il sera récompensé de ____ concentration.

Habileté : utiliser les homophones *on/ont* et *sa/ça* dans des phrases

Which words do I use?

A)

Wrote does not need a helping word.

Written needs a helping word such as **have, had** and **has** most of the time.

Print the word **wrote** or **written** in each sentence.

1. Many good books have been ____________ about dogs.
2. Francis H. Burnett ____________ a book called "The Secret Garden".
3. Few letters were ____________ on our trip to England.
4. Who ____________ the book called "Tom Sawyer"?
5. Phoebe Gilman has ____________ and illustrated many picture books.
6. Robert Munsch has ____________ many funny story books for children.
7. Have you ____________ a letter to your grandparents lately?
8. Trisha ____________ in her diary every day after school.

B)

Broke does not need a helping word.

Broken does need a helping word such as **has, had,** and **have** most of the time.

Print the word **broke** or **broken** in each sentence.

1. Billy has ____________ all of his new toys.
2. Our car ____________ down on the ocean highway.
3. The terrible rainstorm had ____________ branches from the apple trees.
4. The wheel on the wagon had __________ while we traveled over the rough road.
5. The windows in the old house have been ____________ for a long time.
6. "Who ____________ my glass ball?" wailed Anna.
7. When Charles fell out of the tree he ____________ his arm.
8. Someone has ____________ Mother's favorite china dish!

Skill: Using the words wrote, written, broke and broken correctly.

Quel mot dois-je utiliser?

A) Le mot **ce** détermine la chose ou la personne sur quoi ou sur qui on attire l'attention. Le nom déterminé doit être masculin. Il sert aussi de pronom démonstratif devant le verbe *être*.
Le mot **se** est un pronom qui désigne la personne ou la chose en question qui est (sont) la (les) même(s) que celle(s) dont il vient juste d'être question.

Inscris le mot **ce** ou le mot **se** dans chacune des phrases.

1. Regarde, ____ camion est vraiment énorme!
2. Il ____ promène dans le quartier depuis plusieurs jours.
3. Je me demande ____ qu'il contient.
4. Je crois que tous les habitants de ma rue ____ le demandent aussi.
5. Ils ____ regardent d'un air interrogateur.
6. ____ serait génial que le conducteur s'arrête et ouvre les portes arrière.

B) Si le mot *complètement* peut s'insérer dans la phrase, inscris le mot **tout**.
Si l'expression *l'ensemble des* peut s'insérer dans la phrase, inscris le mot **tous**.

1. J'ai échappé mon peignoir dans le bain : il est ________ mouillé!
2. ________ les jours, je prends une douche.
3. Ensuite, je suis ________ propre.
4. Mes parents, eux, sont ________ contents.
5. Ils accordent ________ deux beaucoup d'importance à l'hygiène.
6. ________ les savons qu'ils achètent sentent très bon!

Habileté : utiliser les homophones ce/se et *tout/tous* dans des phrases

Sequencing Word Groups to Make Sentences

Here are some word groups.

If they are **printed** in the **correct order**, you will be able to make sentences about the story called Jack and the Beanstalk.

1. a boy named Jack / there was / Once upon a time

2. with his mother / in a small cottage / He lived

3. to sell / to take the cow / Jack had / to the market

4. to a man / Jack sold / for some magic beans / the cow

5. out of the window / Jack's mother / and threw them / siezed the beans

6. a huge beanstalk / stood in the garden / The next morning

7. all the way / to climb the beanstalk / Jack decided / to the top

8. to a beautiful castle / Jack followed / that led / a road

9. a giant lived / The old woman / in the castle / told Jack that

10. in the oven / Jack hid / the giant's voice / when he heard

Skill: Using word groups to write sentences.

Ordonner des groupes de mots pour faire des phrases

Voici quelques groupes de mots.

Si tu les **écris** dans le **bon ordre**, tu obtiendras des phrases de l'histoire *Jack et le haricot magique*.

1. qui s'appelait Jack / un garçon / Il était une fois

2. avec sa maman / dans une petite ferme / Il vivait

3. vendre la vache / Jack dut / aller au marché

4. à un homme / Jack vendit / en échange de graines de haricots magiques / sa vache

5. par la fenêtre / La mère de Jack / et les jeta / prit les graines

6. une énorme tige de haricot / il y avait dans le jardin / Le lendemain matin

7. jusqu'en haut / de grimper au haricot / Jack décida

8. à un magnifique château / Jack suivit / qui menait / un chemin

9. qu'un ogre vivait / Une vieille femme / dans le château / dit à Jack

10. dans le four / Jack se cacha / la voix de l'ogre / quand il entendit

Habileté : écrire des phrases à l'aide de groupes de mots

Sequencing Words to Make Sentences

North America is a large continent.

Write sentences about North America.

Organize the words in each group into a **good sentence.**

1. is of North made up America countries three

___

2. Mexico countries are Canada The and found United States North in America

___

___

3. is in northern the part Canada found

___

4. United States the middle of it sits The in

___

5. the Mexico found is southern in part

___

6. North America In parts some there of are and mountains deserts

___

___

7. North America were The people to live first Inuit the Native People and

___

___

8. Atlantic is its The on coast east Ocean

___

9. parts Some North America of very are cold

___

10. Ocean found Pacific is the on The coast west

___

Skill: Organizing words into sentences.

Ordonner des mots pour faire des phrases

L'Amérique du Nord est un vaste continent.

Écris des phrases au sujet de l'Amérique du Nord.

Place les mots de chaque groupe de façon à former une phrase **correcte**.

1. forment Nord l'Amérique pays Trois du

____

2. de États-Unis Mexique Le sont les Canada le l'Amérique pays et Nord les du

____

____

3. du nord Canada trouve Le dans se partie la continent

____

4. centre le occupent États-Unis en Les

____

5. sud situé Le dans est partie Mexique la

____

6. a du régions l'Amérique Dans montagnes y de Nord des et déserts certaines il des

____

____

7. Inuit l'Amérique premiers de du les étaient Nord Les et Autochtones habitants les

____

____

8. est Atlantique la continent L'océan côte du borde

____

9. fait l'Amérique certaines froid de dans du Il très régions Nord

____

10. continent Pacifique la L'océan ouest côte du borde

____

Habileté : placer des mots de façon à former des phrases

Writing Longer Sentences

Two - In - One

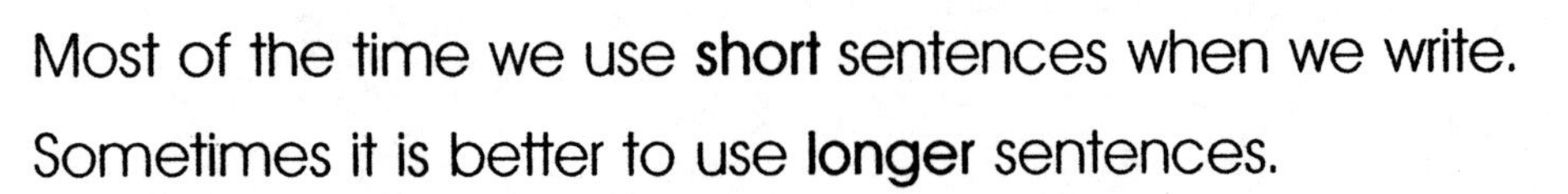

Most of the time we use **short** sentences when we write.

Sometimes it is better to use **longer** sentences.

Example: Some bears dig long holes. (*Short Sentence*)
They dig the holes under the ground. (*Short Sentence*)
Some bears dig long holes under the ground. (*Longer Sentence*)

Join each pair of short sentences into one longer sentence.

1. Beavers have sharp teeth. Their teeth are strong.

____

2. The cardinal is a red bird. It is pretty.

____

3. Porcupines have sharp quills. The quills are in their tails.

____

4. Polar bears have warm coats. Their coats are fur.

____

5. Squirrels eat nuts in the winter. They eat seeds too.

____

6. The woodpecker drills holes with its beak. Its beak is sharp.

____

____

7. Muskrats build their homes. They build them with sticks, leaves and roots.

____

____

8. The giraffe is a tall animal. It is the tallest animal in the world.

____

____

9. A rabbit lives in a hole. It lives deep under the ground.

____

____

10. Many cows live in the barn during the winter. Horses live there too.

____

____

Skill: Combining two sentences into one sentence.

Écrire de longues phrases

Deux en une

La plupart du temps quand on écrit, on utilise de **courtes** phrases.
Il est parfois préférable d'utiliser de **longues** phrases.

Exemple : Certains ours creusent de longs tunnels. (*Courte phrase*)
Ils creusent ces tunnels dans le sol. (*Courte phrase*)
Certains ours creusent de longs tunnels dans le sol. (*Une seule phrase plus longue*)

Réunis les paires de courtes phrases en une seule phrase plus longue.

1. Les castors ont des dents coupantes. Leurs dents sont solides.

   ____

2. Le cardinal est un oiseau rouge. C'est un joli oiseau.

   ____

3. Les porcs-épics ont des piquants très pointus. Les piquants sont situés à leur queue.

   ____

4. Les ours polaires ont un chaud manteau. Ce manteau est leur fourrure.

   ____

5. Les écureuils mangent des noisettes l'hiver. Ils mangent des graines aussi.

   ____

6. Le pic perce des trous à l'aide de son bec. Son bec est pointu.

   ____

   ____

7. Les rats musqués se construisent un abri. Ils les font de brindilles, de feuilles et de racines.

   ____

   ____

8. La girafe est un grand animal. C'est le plus grand animal du monde.

   ____

   ____

9. Le lapin vit dans un terrier. Il vit profondément dans le sol.

   ____

   ____

10. De nombreuses vaches vivent à la grange l'hiver. Des chevaux y vivent aussi.

    ____

    ____

Habileté : combiner deux phrases en une seule

Writing Longer Sentences

Three – in – One

Usually we write short sentences about things.
Sometimes it is better to use **longer** ones.

Example: I have a new toboggan.
My father and mother gave it to me.
It is green.

My father and mother gave me a new green toboggan.

How would you make one sentence out of each group? Do not use the word "and".

1. My mother made me a dress. It was pretty. It was pale yellow.

____

____

2. I have a dog. He is smart. My dog does tricks.

____

____

3. I saw tracks in the snow. They were made by a squirrel. They were all around our back door.

____

____

4. On Saturday I played hopscotch. I played with Maria. We played on our driveway.

____

____

5. We walked through the woodlot. We found some trilliums. They were white.

____

____

6. We saw a clown. He was funny. He was riding a little bike.

____

____

7. I went skating. I went on the pond. I went with Katie.

____

____

8. Lisa has a pony. His name is Star. He likes to eat apples.

____

____

Skill: Writing Longer sentences using shorter sentences.

Écrire de longues phrases

Trois en une

En général, on écrit de courtes phrases sur un sujet. Il est parfois préférable d'utiliser de **longues** phrases.

Exemple : J'ai un toboggan tout neuf.
Mon père et ma mère me l'ont offert.
Il est vert.

Mon père et ma mère m'ont offert un toboggan vert tout neuf.

Comment composerais-tu une seule phrase de chaque groupe? N'utilise pas le mot « et ».

1. Ma mère m'avait fait une robe. Elle était jolie. Elle était jaune pâle.

____

____

2. J'ai un chien. Il est intelligent. Mon chien sait faire des tours.

____

3. J'ai vu des pistes dans la neige. Un écureuil les avait faites. Il y en avait tout autour de notre porte arrière.

____

____

4. Samedi, j'ai joué à la marelle. J'ai joué avec Maria. Nous avons joué dans l'allée de ma maison.

____

____

5. Nous avons marché dans le boisé. Nous avons trouvé des trilles. Ils étaient blancs.

____

____

6. Nous avons vu un clown. Il était drôle. Il était sur une petite bicyclette.

____

____

7. Je suis allé patiner. Je suis allé sur l'étang. J'y suis allé avec Catherine.

____

____

8. Lise a un poney. Son nom est Étoile. Il aime manger des pommes.

____

____

Habileté : écrire de longues phrases en en combinant de plus courtes.

What is a Question?

A sentence that asks something may be called an **asking sentence** or a **question**.

It begins with a **capital letter** and ends with a **question mark** (?).

Example: Who met the mail carrier at the door?

Circle the sentences below that are questions.

1. Why were the children so excited when they watched the parade?
2. We walk on the sidewalks in a town or a city.
3. Why should you not ride your bicycle on the sidewalks?
4. Where do the birds fly to in the autumn?
5. When the farmer ploughed the ground the worms came up out of their homes.
6. Did you write a letter to Santa Claus this year?
7. Why was Jack sad at the first of the story?
8. I helped my grandfather to pick apples in his apple orchard.
9. Why were Cinderella's stepsisters ashamed of themselves?
10. Our dog was barking and running along the fence after the rabbit.

Write **three questions** on the lines provided.

____

____

____

Write **three sentences** on the lines provided.

____

____

____

Skill: Classifying sentences as telling sentences or questions.

Qu'est-ce qu'une question?

On appelle une phrase qui demande quelque chose une **phrase interrogative** ou une **question**. Elle commence par une majuscule et se termine par un **point d'interrogation** (?).

Exemple : Qui a croisé le facteur à la porte?

Encercle les phrases ci-dessous qui sont des questions.

1. Pourquoi les enfants étaient ils si excités par le défilé qu'ils regardaient?
2. Dans les villes, on marche sur le trottoir.
3. Pourquoi ne doit-on pas se déplacer à bicyclette sur le trottoir?
4. Vers où les oiseaux volent-ils l'automne?
5. Quand le fermier la labouré le sol, les vers de terre sont sortis de leur abri.
6. As-tu écrit une lettre au Père Noël cette année?
7. Pourquoi Jack était-il triste au début de l'histoire?
8. J'ai aidé mon grand-père à cueillir des pommes dans son verger.
9. Pourquoi les demi-soeurs de Cendrillon avaient-elles honte d'elles?
10. Notre chien jappait et courrait après le lapin le long de la clôture.

Écris **trois questions** sur les lignes ci-dessous.

____

____

____

Écris **trois phrases** affirmatives sur les lignes ci-dessous.

____

____

____

Habileté : classer des phrases comme affirmatives ou interrogatives

Writing Questions

Write **three** good questions about each picture in the box.
Remember to use a **capital letter** at the beginning of each one and a **question mark (?)** at the end.

Skill: Writing good questions about a picture.

Écrire des questions

Écris **trois** questions au sujet de chaque dessin.
N'oublie pas d'utiliser une **majuscule** au début de chaque question et un **point d'interrogation** (?) à la fin.

1.
2.
3.

1.
2.
3.

1.
2.
3.

1.
2.
3.

Habileté : écrire des questions en fonction d'un dessin

What is an exclamatory sentence?

An **exclamatory** sentence expresses excitement or strong feelings.

It ends with an **exclamation mark** (!).

Examples: What a shame it is that we lost the game!
My, but your bunny has long ears!

Circle each sentence below that is an **exclamatory** sentence.

1. What a long way you have traveled!
2. How many pilots are there in an airplane?
3. What is the name of the poem that you wrote?
4. Two little pigs were running up and down in the mud.
5. What a surprise the shoemaker got the next morning!
6. What a roaring sound I can hear in the seashell!
7. I've won first prize in the handwriting contest!
8. How dangerous are the snakes with black spots?
9. "A snake! A snake!" she cried. "Run, John, run!"
10. Mary and John dropped their flowers and ran home.

Write **four** exclamatory sentences on the lines provided.

____

____

____

____

____

____

Skill: Recognizing exclamatory sentences.

Qu'est-ce qu'une phrase exclamative?

Une phrase **exclamative** exprime l'excitation ou un sentiment fort. Elle se termine pas un **point d'exclamation** (!).

Exemples : Quel dommage que nous ayons perdu la partie!
Ça alors, c'est que ton lapin a de longues oreilles!

Encercle toutes les phrases **exclamatives.**

1. Comme vous arrivez de loin!
2. Combien y a-t-il de pilotes dans un avion?
3. Quel est le titre du poème que tu as écrit?
4. Deux petits cochons couraient dans la boue.
5. Quelle ne fut pas la surprise du cordonnier le lendemain matin!
6. Quel mugissement j'entends dans le coquillage!
7. J'ai gagné le premier prix du concours d'écriture!
8. Quel danger représentent les serpents à taches noires?
9. « Un serpent! Un serpent! », cria-t-elle. « Cours, Jean, cours! »
10. Marie et Jean laissèrent tomber les fleurs et coururent jusque chez eux.

Écris **quatre** phrases affirmatives sur les lignes ci-dessous.

____

____

____

____

____

____

Habileté : reconnaître les phrases exclamatives

Writing Exclamatory Sentences

Write **exclamatory sentences** about the pictures using each pair of words in your sentences. Remember the **capital letter** and the **exclamation mark**.

1. (circus, clown) ______________________________
____
2. (people, laughing) ______________________________
____
3. (tricks, laugh) ______________________________
____

1. (boy, blew) ______________________________
____
2. (bang, bubble) ______________________________
____
3. (gum, juicy) ______________________________
____

1. (ghost, look) ______________________________
____
2. (shouted, boo) ______________________________
____
3. (window, haunted) ______________________________
____

1. (haunted, house) ______________________________
____
2. (scary, witch) ______________________________
____
3. (bats, spiders) ______________________________
____

Skill: Writing exclamatory sentences.

Écrire des phrases exclamatives

Écris des **phrases exclamatives** au sujet des photos en y incluant les paires de mots. N'oublie pas la **majuscule** et le **point d'exclamation**.

1. (cirque, clown) ______________________________

____

2. (gens, riaient) ______________________________

____

3. (tours, rire) ______________________________

____

1. (bulle, garçon) ______________________________

____

2. (éclaté, bang) ______________________________

____

3. (juteuse, gomme) ______________________________

____

1. (fantôme, peur) ______________________________

____

2. (crié, hou) ______________________________

____

3. (fenêtre, hantée) ______________________________

____

1. (maison, hantée) ______________________________

____

2. (peur, sorcière) ______________________________

____

3. (chauves-souris, araignées) ______________________________

____

What is a command sentence?

Sentences that tell you to do something or that give an order are called **command** sentences. Note that a command may be expressed politely by using the word "please".

Example: Please open the door, John.

Circle each sentence below that is a command sentence.

1. Move along quietly, boys and girls, and keep to the right of the hall.
2. On Christmas Eve, Santa was too sick to deliver his presents.
3. Why did the children throw the pumpkins over the fence?
4. Please stop the talking in the hall.
5. You are to eat all of your vegetables on your plate.
6. Father is talking to someone on the telephone.
7. Don't eat the chocolate chip cookies.
8. Where do the crows build their nests?
9. Look at all the fluffy snowflakes!
10. Please hold the baby carefully while you walk down the stairs.

Write **three** command sentences on the lines provided.

____

____

____

____

____

Skill: Recognizing Command Sentences.

Qu'est-ce qu'une instruction?

On appelle les phrases qui disent de faire quelque chose ou qui donnent un ordre des **instructions** ou phrases impératives. Il est important de souligner que l'utilisation de *s'il te plaît*, de *s'il vous plaît*, de *veuillez*, de *je te prie de* ou de *je vous prie de* permet d'exprimer une instruction poliment.

Exemple : Ouvre la porte s'il te plaît, Jean.

Encercle toutes les phrases impératives.

1. Avancez en silence, les enfants, et tenez-vous le long du mur.
2. La veille de Noël, le Père Noël était trop malade pour livrer ses cadeaux.
3. Pourquoi les enfants ont-ils jeté les citrouilles de l'autre côté de la clôture?
4. Veuillez vous taire dans ce corridor.
5. Tu dois manger tous les légumes qui se trouvent dans ton assiette.
6. Papa est au téléphone.
7. Ne mange pas les biscuits aux pépites de chocolat.
8. Où les corneilles font-elles leur nid?
9. Regarde tous ces flocons poudreux!
10. Je vous prie de bien tenir le bébé lorsque vous descendrez l'escalier.

Écris **trois** phrases impératives sur les lignes ci-dessous.

____

____

____

____

____

Habileté : reconnaître les phrases impératives

Writing Command Sentences

Write a command sentence for each picture. Remember a command sentence tells you to do something or gives an order.

1. Write a command sentence for riding on a school bus.

____

____

2. Write a command sentence for riding in a car.

____

____

3. Write a command sentence for taking care of your teeth.

____

____

4. Write a command sentence about playing with matches.

____

____

5. Write a command sentence about using scissors.

____

____

6. Write a command sentence used at school.

____

____

7. Write a command sentence about swimming.

____

____

Skill: Writing Command Sentences.

Écrire des phrases impératives

Écris une phrase impérative pour chaque dessin. N'oublie pas que la phrase impérative te dit de faire quelque chose ou te donne un ordre.

1. Écris une phrase impérative au sujet de l'attitude à adopter dans un autobus scolaire.

 ____

 ____

2. Écris une phrase impérative au sujet de l'attitude à adopter en voiture.

 ____

 ____

3. Écris une phrase impérative sur l'entretien de tes dents.

 ____

 ____

4. Écris une phrase impérative en lien avec le danger que représentent les allumettes.

 ____

 ____

5. Écris une phrase impérative au sujet de l'utilisation des ciseaux.

 ____

 ____

6. Écris une phrase impérative utilisée à l'école.

 ____

 ____

7. Écris une phrase impérative au sujet de la baignade.

 ____

 ____

Habileté : écrire des phrases impératives

What kind of sentence is it?

There are four kinds of sentences.
There are **telling** sentences, **command** sentences, **exclamatory** sentences and **question** sentences.

On the line at the end of each sentence print the type of sentence it is.

telling, command, exclamatory, question

1. What would you like for breakfast? ____________________
2. Leave your boots by the back door, please. ____________________
3. The tiny hummingbird gets nectar from flowers with its long bill.
   ____
4. What a pretty dress you are wearing! ____________________
5. Make your bed right away, please. ____________________
6. Do you like to read books about outer space? ____________________
7. How happy I was to win the first prize! ____________________
8. Please bring me a glass of water. ____________________
9. It was dark when father came home. ____________________
10. How surprised I was to see the big birthday cake on the table!
    ____
11. What kind of cookies are you baking for the Halloween party?
    ____
12. Always cross a busy street at the stoplights. ____________________
13. "Help me! I can't swim!" screamed the frightened little girl.
    ____

Skill: Classifying Types of Sentences.

De quel type de phrase s'agit-il?

Il existe quatre types de phrases.
Ce sont les phrases **affirmatives**, les phrases **impératives**, les phrases **exclamatives** et les phrases **interrogatives**.

Sur la ligne à droite de chaque phrase, inscris le type de phrase dont il s'agit.

affirmative, impérative, exclamative, interrogative

1. Que désires-tu pour ton déjeuner? ____________________
2. Laisse tes bottes près de la porte arrière, s'il te plaît. ____________________
3. Le minuscule colibri se nourrit du nectar des fleurs grâce à son long bec. ____________________
4. Quelle jolie robe tu portes! ____________________
5. Fais ton lit tout de suite, s'il te plaît. ____________________
6. Les livres sur l'espace te plaisent-ils? ____________________
7. Comme j'étais content de gagner le premier prix! ____________________
8. Veuillez m'apporter un verre d'eau. ____________________
9. Il faisait noir quand papa est rentré à la maison. ____________________
10. Comme j'ai été surprise de voir le gros gâteau d'anniversaire sur la table! ____________________
11. Quelle sorte de biscuits prépares-tu pour la fête d'Halloween? ____________________
12. Traverse toujours les rues passantes aux feux de circulation. ____________________
13. « À l'aide! Je ne sais pas nager! », cria la fillette effrayée. ____________________

Habileté : reconnaître les différents types de phrases

Writing Longer Sentences

Sometimes we write too many **short** sentences. Often these short sentences can be written as one **longer sentence**.

Examples:
a) Some bears dig long holes. They dig under the ground.
b) Some bears dig long holes under the ground.

Write each pair of sentences as one sentence on the lines provided.

1. Foxes hunt in the winter. They hunt for food.

____

2. The woodpecker drills holes with its beak. Its beak is sharp.

____

3. Elephants have trunks. Their trunks are long and wrinkled.

____

4. The giraffe is a tall animal. It is the tallest animal in the world.

____

5. Muskrats build their homes. They build them with sticks, leaves and roots.

____

6. Polar bears have warm coats. Their coats are fur.

____

7. Beavers have sharp teeth. Their teeth are strong.

____

8. The bluejay is a large bird. It is pretty.

____

9. Squirrels eat seeds in the winter. They eat nuts too.

____

10. Porcupines have sharp quills. The quills are in their tails.

____

Skill: Writing Longer Sentences.

Écrire de longues phrases

Parfois, on écrit trop de phrases **courtes**. Dans bien des cas, on peut faire de ces courtes phrases une seule phrase **plus longue**.

Exemples : a) Certains ours creusent de longs tunnels. Ils les creusent dans le sol.
b) Certains ours creusent de longs tunnels dans le sol.

Rassemble chaque paire de phrases en une seule sur la ligne prévue à cet effet.

1. L'hiver, les renards chassent. Ils chassent pour se nourrir.

   ____

2. Le pic perce des trous à l'aide de son bec. Son bec est pointu.

   ____

3. Les éléphants ont une trompe. Leur trompe est longue et plissée.

   ____

4. La girafe est un grand animal. C'est le plus grand animal du monde.

   ____

5. Les rats musqués se construisent un abri. Ils les font de brindilles, de feuilles et de racines.

   ____

6. Les ours polaires ont un chaud manteau. Ce manteau est leur fourrure.

   ____

7. Les castors ont des dents coupantes. Leurs dents sont solides.

   ____

8. Le geai bleu est un gros oiseau. C'est un joli oiseau.

   ____

9. Les écureuils mangent des graines l'hiver. Ils mangent des noisettes aussi.

   ____

10. Les porcs-épics ont des piquants très pointus. Les piquants sont situés à leur queue.

    ____

Habileté : écrire de longues phrases

Sentences Can be too Long

If a sentence is **too** long it is not easy to read.

Example: My father drives a truck that takes cars to cities and it is a big truck, too.

My father drives a big truck that takes cars to cities.

Write a shorter, better sentence for each long and awkward sentence.

1. My father is an attendant at a gas station and he works quickly whenever a car is driven up to the gas pump.

   ____

   ____

2. Mary planted a garden for herself and in it she planted flower seeds and vegetable seeds.

   ____

   ____

3. Mrs. Winter had some kittens and they were pretty and white.

   ____

   ____

4. The apple tree was filled with apples and the apples were big and red.

   ____

   ____

5. The old shoemaker made shoes to sell so he made red ones, green ones and black ones.

   ____

   ____

6. The parrot in the pet store window could talk and he was big and green.

   ____

   ____

7. The tree had many leaves and the leaves were colorful.

   ____

   ____

8. We watched the parade pass by and it was the Santa Claus Parade.

   ____

   ____

Skill: Making Long Awkward Sentences Shorter.

Les phrases sont parfois trop longues

Une phrase **trop** longue est difficile à lire.

Exemple : Mon père conduit un camion qui transporte des voitures dans les villes et c'est un gros camion.
Mon père conduit un gros camion qui transporte des voitures dans les villes.

Écris une meilleure phrase plus courte pour chaque phrase longue et maladroite.

1. Mon père est pompiste et il travaille rapidement chaque fois qu'une voiture arrive à la pompe.

   ____

   ____

2. Marie a planté un jardin et elle y a planté des graines de fleurs et des graines de légumes.

   ____

   ____

3. Mme Beaulieu avait des chatons et ils étaient jolis et blancs.

   ____

   ____

4. Le pommier était rempli de pommes et les pommes étaient grosses et rouges.

   ____

   ____

5. Le vieux cordonnier fabriqua des souliers et il en fabriqua des rouges, des verts et des noirs.

   ____

   ____

6. Le perroquet dans la fenêtre de l'animalerie pouvait parler et il était gros et vert.

   ____

   ____

7. L'arbre avait de nombreuses feuilles et ces feuilles étaient de couleurs vives.

   ____

   ____

8. Nous avons assisté au passage du défilé et c'était le défilé du Père Noël.

   ____

   ____

Habileté : raccourcir les longues phrases maladroites

Describing Sentences

Write **five** good sentences about each picture.

Remember to use a **capital letter** on the first word and a **period** at the end of each sentence.

Skill: Writing good descriptive sentences about a picture.

Phrases descriptives

Écris **cinq** phrases au sujet de chaque dessin.

N'oublie pas d'utiliser une **majuscule** au premier mot et un **point** à la fin de chaque phrase.

Habileté : écrire des phrases descriptives au sujet d'un dessin

Describing Sentences

Write **four** good sentences about each picture. Remember to use a **capital letter** on the first word and a **period** at the end of each sentence. Use a different beginning for each one.

Skill: Writing Descriptive Sentences About a Picture.

Phrases descriptives

Écris **quatre** phrases au sujet de chaque dessin. N'oublie pas d'utiliser une **majuscule** au premier mot et un **point** à la fin de chaque phrase. Commence chacune des quatre phrases différemment.

Habileté : écrire des phrases descriptives au sujet d'un dessin

Corrigé/Answer Key

Page 4:
Sentences to be underlined are **1**; **3**; **4**; 7; **9**

Page 5 :
Phrases qui doivent être soulignées :
1, **3**, **4**, 7, **9**

Page 6:
All sentences must begin with a capital letter and end with a period.

Page 7 :
Toutes les phrases doivent commencer par une majuscule et se terminer par un point.

Page 8:
Answers may vary.

Page 9 :
Les réponses varieront.

Page 10:
Answers may vary.

Page 11 :
Les réponses varieront.

Page 12:
Answers may vary.

Page 13 :
Les réponses varieront.

Page 14:
Answers may vary.

Page 15 :
Les réponses varieront.

Page 16:

A)	**1.** are	**2.** is	**3.** are
	4. Are	**5.** is	**6.** is
B)	**1.** Were	**2.** were	**3.** were
	4. was	**5.** was	**6.** were

Page 17 :

A)	**1.** sont	**2.** est	**3.** sont
	4. Es	**5.** est, est	**6.** est
B)	**1.** Étais	**2.** étaient	**3.** étaient
	4. était	**5.** était	**6.** étaient

Page 18:

A)	**1.** saw	**2.** seen	**3.** seen
	4. seen	**5.** saw	**6.** seen
B)	**1.** come	**2.** came	**3.** come
	4. came	**5.** come	**6.** come

Page 19 :

A)	**1.** Es	**2.** est	**3.** es
	4. est	**5.** es	**6.** est, est
B)	**1.** son	**2.** sont	**3.** son
	4. sont	**5.** son	**6.** sont

Page 20:

A)	**1.** did	**2.** did, did	**3.** did
	4. done	**5.** done	**6.** done
B)	**1.** gone	**2.** gone	**3.** went
	4. gone	**5.** went	**6.** gone

Page 21 :

A)	**1.** a	**2.** à	**3.** a
	4. à	**5.** a	**6.** a
B)	**1.** mes	**2.** mais	**3.** mais
	4. mes	**5.** Mais	**6.** Mes

Page 22:

A)	**1.** ran	**2.** run	**3.** run
	4. ran	**5.** run	**6.** run
B)	**1.** eaten	**2.** ate	**3.** eaten
	4. eaten	**5.** eaten	**6.** ate

Page 23 :

A)	**1.** seau	**2.** saut, saut	**3.** sot
	4. saut	**5.** seau	**6.** sot
B)	**1.** pot	**2.** peau	**3.** pot
	4. peau	**5.** pots	**6.** peau

Page 24:

A) 1. may 2. can 3. May 4. can 5. can 6. may 7. can 8. May

B) 1. given 2. gave 3. given 4. given 5. gave 6. given 7. gave 8. given

Page 25 :

A) 1. ces 2. C'est 3. ses 4. ces 5. C'est 6. ses

B) 1. ou 2. Où 3. ou 4. où 5. Où 6. ou

Page 26:

A) 1. These 2. This 3. those 4. that 5. those 6. This 7. Those 8. This, that

B) 1. an; a 2. a; an 3. a; an 4. An; an 5. an; a; a; an 6. an; a; a; an

Page 27 :

A) 1. On 2. ont 3. ont 4. ont 5. On 6. On

B) 1. sa 2. ça 3. Sa 4. ça 5. ça 6. sa

Page 28:

A) 1. written 2. wrote 3. written 4. wrote 5. written 6. written 7. written 8. wrote

B) 1. broken 2. broke 3. broken 4. broke 5. broken 6. broke 7. broke 8. broken

Page 29 :

A) 1. ce 2. se 3. ce 4. se 5. se 6. Ce

B) 1. tout 2. Tous 3. tout 4. tout 5. tous 6. Tous

Page 30:

1. Once upon a time there was a boy named Jack.
2. He lived in a small cottage with his mother.
3. Jack had to take the cow to the market to sell.
4. Jack sold the cow to a man for some magic beans.
5. Jack's mother seized the beans and threw them out of the window
6. The next morning a huge beanstalk stood in the garden.
7. Jack decided to climb the beanstalk all the way to the top.
8. Jack followed a road that led to a beautiful castle.
9. The old woman told Jack that a giant lived in the castle.
10. Jack hid in the oven when he heard the giant's voice.

Page 31 :

1. Il était une fois un garçon qui s'appelait Jack.
2. Il vivait dans une petite ferme avec sa maman.
3. Jack dut aller au marché vendre la vache.
4. Jack vendit sa vache à un homme en échange de graines de haricots magiques.
5. La mère de Jack prit les graines et les jeta par la fenêtre.
6. Le lendemain matin, il y avait dans le jardin une énorme tige de haricot.
7. Jack décida de grimper au haricot jusqu'en haut.
8. Jack suivit un chemin qui menait à un magnifique château.
9. Une vieille femme dit à Jack qu'un ogre vivait dans le château.
10. Jack se cacha dans le four quand il entendit la voix de l'ogre.

Page 32:

1. North America is made up of three countries.
2. The United States, Canada and Mexico are countries found in North America.
3. Canada is found in the northern part.
4. The United States sits in the middle of it.
5. Mexico is found in the southern part.
6. In some parts of North America there are mountains and deserts.
7. The first people to live in North America were the Inuit and the Native people.
8. The Atlantic Ocean is on its east coast.
9. Some parts of North America are very cold.
10. The Pacific Ocean is found on the west coast.

Page 33 :

1. Trois pays constituent l'Amérique du Nord.
2. Le Canada, les États-Unis et le Mexique sont les pays de l'Amérique du Nord.
3. Le Canada se trouve dans la partie nord du continent.
4. Les États-Unis en occupent le centre.
5. Le Mexique est situé dans la partie sud.
6. Dans certaines régions de l'Amérique du Nord, il y a des montagnes et des déserts.
7. Les premiers habitants de l'Amérique du Nord étaient les Inuit et les Autochtones.
8. L'océan Atlantique borde la côte est du continent.
9. Il fait très froid dans certaines régions de l'Amérique du Nord.
10. L'océan Pacifique borde la côte ouest du continent.

Page 34:

1. Beavers have strong sharp teeth.
2. The cardinal is a pretty red bird.
3. Porcupines have sharp quills in their tails.
4. Polar bears have warm fur coats.
5. Squirrels eat nuts and seeds in the winter.
6. The woodpecker drills holes with its sharp beak.
7. Muskrats build their homes with sticks, leaves and roots.
8. The giraffe is the tallest animal in the world.
9. A rabbit lives in a deep hole under the ground.
10. Many cows and horses live in the barn during the winter.

Page 35 :

1. Les castors ont de solides dents coupantes.
2. Le cardinal est un joli oiseau rouge.
3. Les porcs-épics ont des piquants très pointus à leur queue.
4. Les ours polaires ont un chaud manteau de fourrure.
5. Les écureuils mangent des noisettes et des graines l'hiver.
6. Le pic perce des trous à l'aide de son bec pointu.
7. Les rats musqués se construisent un abri de brindilles, de feuilles et de racines.
8. La girafe est le plus grand animal du monde.
9. Le lapin vit dans un terrier profondément dans le sol.
10. De nombreuses vaches et des chevaux vivent à la grange l'hiver.

Page 36:

1. My mother made me a pretty pale yellow dress.
2. I have a smart dog that does tricks.
3. I saw squirrel tracks in the snow all around our back door.
4. On Saturday I played hopscotch with Maria on our driveway.
5. We found white trilliums as we walked through the woodlot.
6. We saw a funny clown riding a little bike.
7. I went skating with Katie on the pond.
8. Lisa's pony Star likes to eat apples.

Page 37 :

1. Ma mère m'avait fait une jolie robe jaune pâle.
2. J'ai un chien intelligent qui sait faire des tours.
3. J'ai vu des pistes d'écureuil dans la neige tout autour de notre porte arrière.
4. Samedi, j'ai joué à la marelle avec Maria dans l'allée de ma maison.
5. Nous avons trouvé des trilles blancs en marchant dans le boisé.
6. Nous avons vu un drôle de clown sur une petite bicyclette.
7. Je suis allé patiner sur l'étang avec Catherine.
8. Le poney de Lise, nommé Étoile, aime manger des pommes.

Page 38:

The sentences circled should be **1**; **3**; **4**; **6**; **7**; **9**

Page 39 :

Phrases qui doivent être encerclées :

1, 3, 4, 6, 7, 9

Page 40:

Answers may vary.

Page 41 :

Les réponses varieront.

Page 42:

The sentences circled should be **1**; **5**; **6**; **7**; **9**

Page 43 :

Phrases qui doivent être encerclées :

1, 5, 6, 7, 9

Page 44:

Answers may vary.

Page 45 :

Les réponses varieront.

Page 46:

The sentences circled should be **1**; **4**; **5**; **7**; **10**

Page 47 :

Phrases qui doivent être encerclées :

1, 4, 5, 7, 10

Page 48:

Answers may vary.

Page 49 :

Les réponses varieront.

Page 50:

1. Question
2. Command
3. Telling
4. Exclamatory
5. Command
6. Question
7. Exclamatory
8. Command
9. Telling
10. Exclamatory
11. Question
12. Command
13. Exclamatory

Page 51 :

1. interrogative
2. impérative
3. affirmative
4. exclamative
5. impérative
6. interrogative
7. exclamative
8. impérative
9. affirmative
10. exclamative
11. interrogative
12. impérative
13. exclamative

Page 52:

1. Foxes hunt for food in the winter.
2. The woodpecker drills holes with its sharp beak.
3. Elephants have long and wrinkled trunks.
4. The giraffe is the tallest animal in the world.
5. Muskrats build their homes with sticks, leaves and roots.
6. Polar bears have warm fur coats.
7. Beavers have strong sharp teeth.
8. The bluejay is a large, pretty bird.
9. Squirrels eat seeds and nuts in the winter.
10. Porcupines have sharp quills in their tails.

Page 53 :

1. L'hiver, les renards chassent pour se nourrir.
2. Le pic perce des trous à l'aide de son bec pointu.
3. Les éléphants ont une trompe longue et plissée.
4. La girafe est le plus grand animal du monde.
5. Les rats musqués se construisent un abri de brindilles, de feuilles et de racines.
6. Les ours polaires ont un chaud manteau de fourrure.
7. Les castors ont de solides dents coupantes.
8. Le geai bleu est un joli et gros oiseau.
9. Les écureuils mangent des graines et des noisettes l'hiver.
10. Les porcs-épics ont des piquants très pointus à leur queue.

Page 54:
Answers may vary.

Page 55 :
Les réponses varieront.

Page 56:
Answers may vary.

Page 57 :
Les réponses varieront.

Page 58:
Answers may vary.

Page 59 :
Les réponses varieront.